Selbstliebe

Lernen dich selbst zu lieben,

gewinne mehr Selbstbewusstsein und

entfalte dein wahres Ich

Maximilian Mende

ISBN: 1539985539

ISBN-13: 978-1539985532

INHALTSVERZEICHNIS

EINLEITUNG

Hallo und herzlich willkommen zu diesem Selbstliebe-Ratgeber. Ich möchte dir gratulieren und mich bei dir bedanken, dass du dieses Buch gekauft hast und ich hoffe, ich kann dir in den folgenden Kapiteln einen Mehrwert liefern.

Selbstliebe ist ja leider schon ein ziemlich tabuisiertes Thema im weitesten Sinne. Einerseits, weil einige sich über das sogenannte „Du bist toll wie du bist. Bleib so!"-Motto lustig machen, andererseits aber weil Selbstliebe mit Narzissmus, Egozentrik und Egoismus gleichgestellt wird. Ich möchte dir aber ans Herz legen, dich davon nicht beeindrucken zu lassen, denn das ist Quatsch! Klingt jetzt möglicherweise etwas barsch, aber es stimmt. Zu Erstens gibt es nämlich zu sagen, dass „Sich selbst lieben" nicht bedeutet, sich selbst nicht auch verbessern zu wollen. Und zu Zweitens muss ich einfach antworten: „Nein, es ist nicht das selbe!".

Denn der Unterschied zwischen zum Beispiel Selbstliebe und Narzissmus ist, dass man bei Selbstliebe sich selbst als wert<u>voll</u> einschätzt und bei Narzissmus wert<u>voller</u> als alle anderen. Auch beim Egoismus stellt man seine eigenen Bedürfnisse, seine Haltung und das gesamte eigene „Ich" in den Mittelpunkt.

Wohingegen bei Selbstliebe „nur" die unbedingte Liebe zu sich selbst im Fokus steht, was dir auch dazu verhilft, jemand anderen mehr und ehrlicher lieben zu können. Und um das ganze abzuschließen, kommen wir noch zur Egozentrik. Ein Egozentriker sieht alles nur aus seinem Blickwinkel und ist weder in der Lage, sich selbst zu reflektieren noch sich in andere hineinzuversetzen. Alles was in seinem Umfeld passiert, bezieht er auf sich selbst und er steht damit, zumindest aus seiner Sicht, immer im Mittelpunkt. Der Unterschied zur Selbstliebe ist sogar ziemlich riesig. Selbstliebe bedeutet durchaus, sich ab und zu tatsächlich zu 100% nur mit sich selbst zu beschäftigen. Aber doch nicht jede einzelne Minute des Tages. Selbstliebe bedeutet, sich selbst ab und zu etwas gutes zu tun, aber nicht aus Desinteresse anderen Menschen gegenüber, sondern weil man sich selbst eben auch mal wertschätzen darf. Man kann sich nicht sein ganzes Leben lang nur um andere kümmern. Das ist auf Dauer wirklich ungesund. Für Körper und Geist!

Sich selbst zu lieben ermöglicht es, sich besser in andere hineinversetzen zu können, sie zu verstehen und für sie da zu sein. Wenn man mit sich selbst im reinen ist, kann man sich viel leichter anderen Menschen und Dingen widmen.

Zusammenfassend kann man also sagen: Selbstliebe sorgt für das Seelenwohl und Egozentrik, Narzissmus und Egoismus sind Persönlichkeitsstörungen. Soviel also dazu. In diesem Ratgeber möchte ich dir einige hilfreiche Dinge vorstellen und erklären, die dir dabei helfen können, dich selbst mehr zu anzunehmen und zu lieben. Darunter sind einige grundlegende „Begriffserklärungen“ zu den wichtigsten Schritten auf deinem Weg zur Selbstliebe, über einen kleinen Test, mit dem du feststellen kannst, wie viel du dir selbst bedeutest und ein effektiver Drei-Schritte-Plan, mit dem du in drei Wochen ein anderer Mensch werden kannst.

Jetzt hab ich schon reichlich um den heißen Brei herumgeredet. Ich will dich gar nicht länger auf die Folter spannen, also los geht’s mit Kapitel Nummer Eins!

KAPITEL EINS: WAS ES BEDEUTET, SICH SELBST ZU LIEBEN

Sich selbst zu lieben bedeutet kurz gesagt, sich selbst mit allem Drum und Dran zu akzeptieren und seine Bedürfnisse und Wünsche ernst und wichtig zu nehmen. Die Selbstakzeptanz behandle ich in Kapitel Vier, weshalb ich hier nicht weiter darauf eingehen werde.

Selbstliebe bedeutet im großen und ganzen, uns selbst nicht mehr hinter andere zu stellen, unsere Werte und Interessen nicht für andere aufzugeben und unsere Träume zu begraben, weil es anderen womöglich nicht gefallen könnte. Selbstliebe bedeutet, bewusst auf die eigene Gesundheit und das geistige, körperliche und seelische Wohlbefinden zu achten. Sich selbst etwas gutes zu tun, indem man das macht, was man wirklich will, ist auch ein wichtiger Teil davon. Das bedeutet auch, deine Träume und Ziele zu verwirklichen oder ihnen zumindest nachzugehen. Um deinetwillen! Wenn dich etwas mit Glück erfüllt, dann bleib dran und behalte es in deinem Leben. All das wird deine Liebe zu dir selbst steigern.

Du kannst es dir wie eine Spardose vorstellen: Immer wenn du etwas Zeit für dich nehmen kannst oder übrig hast, steckst du sie in dich selber. Nur dass du dieses Sparschwein nie schlachten musst und du allein durch die Tatsache, dass etwas drinsteckt, reicher wirst. Du kannst entweder etwas unternehmen, damit du deinen Zielen im Leben näher kommst. Du machst dir einen angenehmen und entspannten Nachmittag. Du übst dich in Sachen Spiritualität und probierst Meditation oder Achtsamkeitstraining aus. Oder du kochst dir mal etwas gesundes und/oder überaus leckeres. Jede Tat, die dir gut tut, bedeutet mehr Füllung für deine persönliches „Selbstliebe-Sparschwein". Und je mehr in deinem Sparschwein steckt, desto selbstbewusster und unabhängiger wirst du. Du wirst dein Leben ganz anders in die Hand nehmen können.

Selbstliebe ist die wichtigste Quelle deines Selbstvertrauens und Selbstwertgefühls. Denn durch die Gewissheit, wertvoll und liebenswürdig zu sein, legst du den Grundstein für eine gesunde Unerschütterlichkeit. Ein Vergleich, der mir dazu gut gefällt ist, dass ein von Selbstliebe erfüllter Mensch wie ein Fels in der „Brandung des Lebens" steht. Das Leben macht es niemandem wirklich leicht, aber egal was ihm passiert, er glaubt an sich und seine Fähigkeiten und kann deshalb weiterhin standhalten. Ich hoffe, dieser Vergleich macht für dich genau soviel Sinn wie für mich? Super! Dann können wir weitermachen.

Noch eine kleine Erinnerung, bevor wir zum nächsten Kapitel übergehen: Selbstliebe ist weder dasselbe wie Egoismus, Narzissmus oder Egozentrik. Lass dich also nicht beirren, falls jemand diese Tatsache verwechseln sollte und dir eventuell sogar Vorwürfe macht. Wenn er sich bereit erklärt, kannst du ihm den Unterschied gern erklären oder es ihn „ergooglen“ lassen. Wenn nicht, lass es sein und kümmer dich nicht darum, es geht hier schließlich nur um dich. ;)

KAPITEL ZWEI: WARUM MÜSSEN WIR UNS SELBST ANNEHMEN?

Einige der Vorteile, die einem selbstliebenden Mensch zu gute kommen, hast du eben schon kennengelernt. So weißt du darüber Bescheid, dass Selbstliebe ein unverzichtbarer Baustein für ein gesundes Selbstvertrauen und Selbstwertgefühl ist. Auch wenn das schon rechtfertigen würde, sich mit dem Thema Selbstliebe und Selbstannahme zu beschäftigen, ist das noch lange nicht alles, was es zu bieten hat.

Sieh dir doch mal den erfolgreichsten Menschen in deinem näheren Umfeld an. Vielleicht ist es dein Vater, vielleicht aber auch eine Freundin der Familie. Das ist nicht ganz so wichtig. Wenn es da niemanden gibt, suche dir eine andere erfolgreiche Person. Egal, worin sie erfolgreich ist, was denkst du hat sie wohl an sich, das sie von anderen nicht so erfolgreichen Leuten in dem selben Gebiet abhebt? Wenn wir davon ausgehen, dass die meisten Konkurrenten auf einem Gebiet den selben Wissensstand haben, muss es an ihrer Persönlichkeit liegen. Vor allem wenn es bei dem, was sie machen, notwendig ist, mit anderen Menschen geschäftlich in Kontakt zu treten.

Nehmen wir einmal an, dein Vater oder wer auch immer die erfolgreiche Person ist, die du gerade im Kopf hast, hätte ein erfolgreiches Unternehmen gegründet. Zum Zeitpunkt der Gründung hatte ein anderer unabhängig davon die absolut identische Geschäftsidee und beide haben ihre Idee demselben Investor vorgestellt, um sie finanzieren zu können. Der eine hat es geschafft und der andere nicht. Und auch wenn es absurd klingt, liegt das Ergebnis daran, dass der Verlierer weniger Vertrauen und Liebe für sich selbst übrig hatte als der Gewinner.

Einerseits ist Selbstliebe wie schon gesagt der Grundpfeiler des Selbstbewusstseins und andererseits strahlt ein Mensch, der seinen eigenen Fähigkeiten vertraut und hinter seinen Ideen steht, etwas komplett anderes aus als jemand, der sich seiner Sache noch nicht ganz so sicher ist. Ich hoffe, du kannst dir ein Bild von den beiden Menschen machen. Der eine ist überzeugt von seiner Idee und glaubt an sich und sein Projekt. Der andere hofft das beste und überlegt, ob es vielleicht doch keine so gute Idee war.

Und jetzt frage ich dich: „Wenn du noch nicht der erste bist, wer von den beiden willst du sein?“

Nun, was denkst du wohl, wie der erste der beiden (also der Gewinner) in anderen Lebensbereichen abschneiden würde? Positiv? Ich denke auch!

Mehr ist dazu glaube ich nicht zu sagen, außer dass die Liste der Vorteile, die dir als selbstliebendem Menschen zu gute kommen, wirklich, wirklich ziemlich lang ist.

KAPITEL DREI: DER SELBSTLIEBE - TEST

Zu Beginn dieses Kapitels möchte ich anmerken, dass ich mir diesen Test nicht selbst ausgedacht habe. Stattdessen habe ich ihn mir von einer Seite namens „DuBistGenug." geliehen. Das ist ein Blog, der sich unter anderem auch mit Selbstliebe beschäftigt. Wenn du also nach dem Lesen dieses Ratgebers noch nicht genug hast, kannst du gerne nochmal dort vorbeischauen.

Also kommen wir nun zum Test. Dieser wird dir verlässlich aufzeigen, wie sehr du dich selbst liebst beziehungsweise wie stark deine Selbstliebe ausgeprägt ist. Am besten ist es dabei, wenn du diesen Test nur für dich machst und dabei ehrlich zu dir bist. Wie Tim, der Autor des Blogeintrags, es schon schön gesagt hat:

„Selbstliebe ist nichts, was du nicht lernen kannst. Auch bist du kein schlechter Mensch, nur weil deine Selbstliebe noch nicht so stark ausgeprägt ist. Es ist ja nicht so, als wenn du dir das freiwillig ausgesucht hättest. Du hast sie einfach in der Vergangenheit nicht gelernt.

Wenn dir nie jemand gezeigt hat, wie das geht mit der Selbstliebe, woher sollst du es dann können? Also verurteile dich nicht für etwas, was du einfach noch nicht gelernt hast. Du verurteilst dich ja auch nicht dafür, dass du noch nicht gelernt hast, wie man einen Schal häkelt oder ein Raumschiff baut."

In Ordnung, genug der Zitate und los geht's mit dem Selbstliebe Test!

- Denkst du oft, du müsstest noch etwas ganz Bestimmtes erfüllen, bevor du wirklich glücklich sein darfst?

- Denkst du, du wärst nur liebenswert, wenn du ganz bestimmte Charaktereigenschaften aufweist?

- Hast du Schwierigkeiten, Fehler zuzugeben oder sie dir selbst zu verzeihen?

- Hast du manchmal das Gefühl, es würde eine unsichtbare Mauer geben, gegen die du immer und immer wieder läufst?

- Hast du dich abgerackert ohne Ende, fühlst dich aber trotzdem oft nicht wertig genug?

- Hast du oft das Gefühl, in einer anderen Situation wäre dein Leben besser?

Ich muss gestehen, mir gefällt der Test und der restliche Blogeintrag so gut, dass ich dir hier noch den zweiten Teil dieses Test vorstellen will. Wenn du also mehrere dieser Fragen mit „Ja" beantwortet hast, dann lies schnell weiter und lerne, wie du deine Selbstliebe stärken kannst.

Selbstliebe ist eine Lebenseinstellung.

Sie entsteht durch Handeln und kann deshalb gelernt werden.

Sie fordert dich jeden Tag aufs neue.

Sie entsteht daraus, wie du täglich mit dir selbst umgehst.

Sie muss jeden Tag erneut praktiziert werden.

Und klar kannst du das lernen.

1. Sprich gut und wohlwollend mit dir (auch bei Fehlern).

2. Kümmere dich um deinen Körper, pflege ihn und treibe Sport.

3. Finde und lebe deine Träume.

4. Akzeptiere ALLE Gefühle.

5. Lobe dich selbst regelmäßig.

6. Akzeptiere ALLE Gedanken.

7. Schaue dich jeden Tag wirklich im Spiegel an.

8. Gönne dir Glück und Erfolg von Herzen.

9. Stehe für dich ein, auch in harten Zeiten

10. Höre auf deinen Körper und lerne ihn besser kennen.

11. Nimm Herausforderungen an – Vertraue DIR selbst mehr.

12. Zeige Dankbarkeit.

13. Sei dein bester Freund.

14. Nimm deinen Körper an.

15. Sei ehrlich zu dir.

16. Behandele dich jeden Tag mit Rücksicht und Hingabe.

17. Sei für dich der wichtigste Mensch in deinem Leben.

18. Entwickle zu guter Letzt selbst Methoden, wie du dich gut behandeln kannst.

Ich bin einfach der Meinung, dem ist nichts hinzuzufügen. Deshalb empfehle ich dir wirklich einmal auf ihrer Webseite vorbeizuschauen. Ich mache diese „Werbung“ übrigens nur, weil ich das möchte. Ich stehe in keinerlei Kontakt mit den Bloggern und bekomme kein Geld dafür. ;)

KAPITEL VIER: SELBSTAKZEPTANZ – DER ERSTE SCHRITT ZUR SELBSTLIEBE

Um etwas lieben zu könne,n, ist es unverzichtbar es erst einmal so zu akzeptieren, wie es ist. Das bedeutet, wenn du dich selbst lieben möchtest, musst du dich zuerst selbst akzeptieren. Mit all deinen Macken und Problemen, deinen Problemzonen und möglicherweise auch Krankheiten und Behinderungen. Vordergründig ist also egal, ob du etwas daran ändern kannst. Das bedeutet natürlich nicht, dass du das nicht tun solltest, aber dazu später mehr. Du musst zu allererst verstehen, dass alle Bestandteile deines „Ich's" und deines Körpers, sowohl die positiven als auch die negativen, zu dir gehören. Denn bis dahin bist du nicht wirklich komplett! Jeder hat diese eine Sache, die er an sich selbst absolut hasst. Man stößt diese Sache ab, als würde sie dann nicht mehr zu einem gehören, doch ändern wird das leider überhaupt nichts. Vielleicht nimmt man es nicht bewusst wahr, aber durch das Wegdrücken eines oder mehrerer der eigenen Bestandteile kommt eine Art innere Zerrissenheit zustande. Allein der Begriff klingt schon sehr ungesund und du weißt, dass du diese Zerrissenheit unbedingt abwenden willst. Wenn du irgendetwas in deinem Leben verbessern willst, dann kannst du das nur, wenn du mit dem Rest von dir an einem Strang ziehst. Und genau das wird dir unheimlich schwer fallen, wenn du nicht mit dir selbst im reinen bist. Es ist also für dein Seelenheil und quasi dein ganzes Leben von äußerster Wichtigkeit, jeden Teil von dir erst mal so zu akzeptieren, wie er ist.

Hoffentlich habe ich dich jetzt nicht zu sehr verschreckt, denn du hast die Möglichkeit, dies abzuwenden. Du erfährst im restlichen Kapitel von mir, wie du es einfacher haben wirst, dich selbst so anzunehmen, wie du bist.

Dich selbst zu akzeptieren bedeutet nicht, dass du alles an dir mögen musst. Du brauchst nicht von jetzt auf gleich alles an dir super zu finden, Selbstakzeptanz ist wesentlich unkomplizierter und einfacher. Es geht lediglich darum einzusehen, dass es nun einmal so ist. Als Beispiel können wir uns jemanden ausdenken, der nicht an sich mag, dass er so unsportlich ist. Er handelt nach dem Motto, einfach nichts mit Sport zu tun zu haben, weder beruflich noch privat. Er geht der Sache also aus dem Weg und er verbannt quasi das Problem, weil er es nicht wahrhaben will. Vielleicht sucht er auch Ausreden, um seinen Freunden und auch sich selbst nicht eingestehen zu müssen, dass er eine Niete ist, was Sport angeht. Wenn er darauf angesprochen wird, leugnet er es und sucht weitere Ausreden, macht andere verantwortlich. Er investiert also ziemlich viel Energie darin, diesen „Schwindel" aufrecht zu erhalten.

Nun, was denkst du würde passieren, wenn er sich selbst eingesteht: „Ja, ich bin eine Niete in Sport." ? Würde ihn dafür jemand hassen? Würde er sich nicht erleichtert fühlen, diese Tatsache einzusehen und zu akzeptieren? Würde er nicht besser schlafen können, weil es ihm inneren Frieden verschafft hat, mit dem Versteckspiel aufzuhören? Was denkst du? Ich denke schon.

Jetzt stell dir vor, du würdest dir und deinen Mitmenschen, aber vor allem dir eingestehen, dass du so bist und auch das, was du an dir nicht leiden kannst, zu dir gehört. Wie würdest du dich fühlen? Frei und zufrieden? Dieses Gefühl verbinde ich jedenfalls damit. Das praktische ist, dass du dieses positive Gefühl nutzen kannst, um weiter an dir zu arbeiten. Dass du akzeptiert hast, dass du auch negative Seiten hast, bedeutet schließlich nicht dich darauf auszuruhen. ;) Wenn du dieses Gefühl nutzt und dir sagst: „Jetzt habe ich den ersten Schritt schon gemacht, nun kann es weitergehen!“ und das auch so meinst, wirst du dich vor gewonnenem Selbstvertrauen gar nicht mehr retten können. Du wirst es vielleicht jetzt noch nicht glauben, aber deine Grundstimmung wird sich so positiv verändern, das du einfach weitermachen willst. Und mit jedem Schritt, den du machst, wirst du dich selbst mehr zu schätzen und zu lieben lernen.

Im nächsten Kapitel wirst du erfahren, welcher Hilfsmittel du dich bedienen kannst, um deine Selbstliebe zu steigern.

KAPITEL FÜNF: GEWOHNHEITEN, GLAUBENSSÄTZE UND DEINE EIGENE REALITÄT

In diesem Kapitel werde ich dir erklären, was es mit Gewohnheiten, Glaubensätzen und deiner eigenen Realität auf sich hat. Du wirst von diesen Begriffen sicher schon mal etwas gehört haben. Wenn du nicht schon alles darüber weißt, wirst du jetzt alles wissenswerte dazu lernen. Der Grund, weswegen du diese Begriffe im Zusammenhang mit Selbstliebe kennen solltest ist, dass du, wenn du erst einmal ihre Bedeutungen verstanden hast, deine Persönlichkeit mit eigenen Händen formen kannst. Zum Beispiel eben in Richtung Selbstliebe. Kommen wir also zum ersten Begriff.

Gewohnheiten

Du weißt sicher, was Gewohnheiten sind. Es sind Gefühle, Denk- und Verhaltensweisen, die wie automatisch als Reaktion auf bestimmte gleichartige Situationen durchgeführt, bzw. hervorgerufen werden.

So, jetzt nochmal auf Deutsch. Wenn eine bestimmte Situation auftritt (z.B. es ist Abend und du möchtest ins Bett gehen), reagierst du darauf unterbewusst mit einem entsprechenden Gedanken, einer Verhaltensweise oder es löst ein spezielles Gefühl in dir aus (Verhaltensweise: Du gehst dir vorher noch die Zähne putzen).

Das mit dem Zähneputzen ist das simpelste Beispiel für eine Gewohnheit. Gefühle wie Eifersucht oder Gedanken wie „Ich bin wahrscheinlich doch nicht gut genug dafür." sind unter anderem auch gewohnte Reaktionen auf bestimmte Situationen. In diesen beiden Fällen ist sogar mangelnde Selbstliebe eine der Ursachen.

Worauf ich hinaus will ist, dass du wenn du erst einmal weißt, dass und wie du deine Gewohnheiten ändern kannst, du dich selbst zu dem Menschen formen kannst, der du sein willst. Das bezieht sich im übrigen nicht nur auf das Thema Selbstliebe, aber da du diesen Ratgeber nicht gekauft hast, um ein ordentlicherer Mensch zu werden, bleibe ich beim Thema dieses Ratgebers. Doch Spaß beiseite. Wenn du lernen möchtest, wie du dich selbst mehr lieben kannst, dann ist es sehr wichtig, dich selbst zu beobachten. Welche Gewohnheiten entfernen dich davon, dich selbst zu lieben und zu akzeptieren? Welche Gewohnheiten hast du, die dir selbst schaden? Und welche Gewohnheiten hast du schon, die dir gut tun und mit denen du dich in positive Stimmung versetzt?

Du kannst dir die Gewohnheiten, die dir zu diesen Fragen einfallen, gerne einmal aufschreiben und zu Kapitel Sieben springen. Dort kannst du die selben Schritte auch auf die Gewohnheiten und deine Realität anwenden.

Ein Beispiel für gute Gewohnheiten, mit denen du dir zeigen kannst, wie viel du dir selbst bedeutest, findest du im Kapitel Sieben.

Glaubenssätze

Glaubenssätze sind grundsätzlich nur Denkweisen, die du dir über die Jahre angeeignet hast. Sie sind wie Gewohnheiten deiner Denkstruktur. Sie bestimmen, wer du bist und wie du deine Umwelt wahrnimmst. Nur schade dabei ist, dass des Großteil unserer Glaubenssätze entweder neutral oder negativ veranlagt ist. So sind statistisch bewiesen nur 10 % unserer täglichen Gedanken positiv. Der Rest ist eben negativ oder neutral. Da diese 90 % also quasi unser Leben bestimmen, ist es einfach zu verstehen, weshalb Selbstliebe heutzutage ein so seltenes Gut ist. Zudem werden wir dadurch in unseren Möglichkeiten extrem limitiert. Doch wenn du wie bei den Gewohnheiten verstanden hast, dass du sie umformen kannst wie du willst, kannst du dir vorstellen, was sich dir für Möglichkeiten offenbaren. Stell dir vor wie es wäre, wenn du 50 % positive Glaubenssätze hättest. Und was wäre, wenn es mehr als die Hälfte wären?

Du siehst also, wie viel Potenzial in der Umwandlung deiner Glaubenssätze steckt. Im Kapitel „So lernst du dich selbst lieben in 21 Tagen“ wirst du noch etwas mehr darüber erfahren, was Glaubenssätze sind und wie du sie umformst. Jetzt erst mal genug dazu. Kommen wir nun zu deiner persönlichen Realität.

Eigene Realität

Vielleicht klingt es so als würde ich mich wiederholen, aber deine eigene Realität ist die Summe aus deinen Glaubenssätzen und Gewohnheiten. Sie beschreibt im großen und ganzen, wie du deine Umwelt wahrnimmst, wie du auf die Handlungsweisen deiner Mitmenschen reagierst und wie du über dich selbst und alles andere denkst. Jeder Gedankengang und jede Handlung entspringt deiner Realität. Du funktionierst so wie du funktionierst nur aufgrund dessen, wie du die Welt um dich herum wahrnimmst. Es ist nicht einfach zu erklären, da deine eigene Realität quasi deine komplette Persönlichkeit ausmacht.

Stell dir vor, deine eigene Realität ist wie die Matrix (ich hoffe du kennst den Film). Man könnte denken, es muss so sein und soll so bleiben. Doch in der Matrix machst du nicht unbedingt das, was du willst und hast schlechte Chancen, glücklich zu werden. Wenn du aber deine eigene Realität veränderst, kannst du die Matrix verlassen und deine wahre Persönlichkeit entfalten und es wird dir um einiges leichter fallen, dich selbst zu lieben.

Das geniale ist tatsächlich, dass mit diesem Wissen Sätze wie „Ich bin halt so." vollkommen außer Kraft gesetzt werden und nicht mehr als Ausrede dienen können. Es gibt zu viele Menschen, die sich mit ihren Handlungen selbst schaden und sich damit rechtfertigen, dass sie nun mal so sind. Aber du bist besser! Du weißt jetzt Bescheid und kannst etwas ändern. Denk daran, was ich dir im Rest dieses Kapitels schon gesagt habe. Du kannst mit deinem Wissen über Gewohnheiten, Glaubenssätze und deine eigene Realität ebendiese zu deinem Vorteil beeinflussen. Und das nur mit Hilfe der Schritte in Kapitel Sieben. So wirst du auf deinem Weg zu einem sich selbst liebenden Mensch noch einige andere positive Veränderungen erreichen.

KAPITEL SECHS: (SELBST-)LIEBE GEHT DURCH DEN MAGEN

Nachdem wir gerade einen kleinen Umweg über die Gewohnheiten und Glaubenssätze gemacht haben, kommen wir nun zurück zum Thema Selbstliebe. Falls du dich über den Titel dieses Kapitels wunderst, kann ich dich verstehen, aber ich kläre es sofort auf.

Dein Körper macht den Großteil von dir aus. Hierbei wird auch von 90 Prozent gesprochen. Die restlichen 10 Prozent nimmt unser „Ich“ ein. Diese Verteilung zeigt also sehr deutlich, dass es nicht reicht, nur mit unserem Geist im reinen zu sein. Es ist im Gegenteil mindestens genauso wichtig, dass wir uns mit unserem Körper verstehen. Erreichen kannst du das, indem du ihn gut behandelst und ihm ab und zu etwas gutes tust. So kannst du zum Beispiel gelegentlich etwas kochen, was dir besonders gut schmeckt oder etwas, von dem du weißt, dass es sehr gesund ist. Deshalb der Titel „(Selbst-)Liebe geht durch den Magen“.

Der Grundgedanke ist, deinem Körper etwas gutes zu tun, um ihm und somit dir selbst zu zeigen, dass du dir etwas bedeutest. Das kannst du auf vielen verschiedenen Wegen machen. Dein Leitsatz sollte in diesem Zusammenhang immer sein: „Gönn‘ dir was!“. Wann warst du das letzte mal in der Sauna? Wolltest du dich nicht auch schon immer mal von einem Profi massieren lassen? Machst du regelmäßig Sport? Was hältst du von einer Maniküre? Oder möchtest du dir ein wunderbar angenehmes heißes Bad einlassen und dich mit Duftkerzen und entspannender Musik verwöhnen?

Ich merke schon, du stellst dir gerade das Bad vor und überlegst, wann du so etwas machen kannst. Das freut mich, denn damit gehst du einen wichtigen Schritt in Richtung Selbstliebe. Ich will dich absolut nicht aufhalten, doch das Kapitel wird etwas kurz, wenn ich dich jetzt einfach wegschicke, den Wasserhahn schon aufzudrehen. Deshalb möchte ich dir noch einige Tipps zu deinem zukünftigen Selbstliebe-Ritual geben, damit du es dir so angenehm wie nur möglich wird.

Tipp Nr. 1: Es darf sich merkwürdig anfühlen

Du kennst das Gefühl sicher und ich kenne es auch nur zu gut, wenn du für Dinge gelobt wirst und du kannst es nicht nachvollziehen. Das ist dasselbe Gefühl wie wenn du dich vor den Spiegel stellst und dir laut ins Gesicht sagst: „Ich liebe dich [Dein Name]!“ Es fühlt sich anfangs einfach nicht richtig an, aber ich kann dir sagen, das muss so! Dass es sich un<u>gewohnt</u> anfühlt, bedeutet schließlich nur, dass du dich noch nicht daran gewöhnt hast. Macht Sinn oder? Also lass dich von diesem Gefühl nicht beirren und mach weiter.

Tipp Nr. 2: Achte auf Regelmäßigkeit

Es reicht leider nicht, dein Ritual nur einmal im Jahr durchzuführen. Du musst schon etwas häufiger Zeit in dich selbst investieren, sonst wirst du nicht das erreichen, was du vorhast. Einmal im Monat sollte dein minimales Pensum sein. Am besten ist sogar einmal in der Woche. Wenn du dafür, egal wie du es drehst und wendest, keine Zeit findest, dann suche dir die goldene Mitte. Dein Ritual aller zwei Wochen zu wiederholen, kann dir auch schon große Fortschritte bringen.

Tipp Nr. 3: Erlaube dir wirklich, den Alltag zu verlassen

Grundsätzlich bringt dich jede kleine Geste, mit der du dir zeigst, dass du dir etwas wert bist, deinem Ziel einen Schritt näher. Jedoch ist es wichtig, sich auch einmal mehr Zeit zu nehmen. Je nachdem, was du zu deinem Ritual machst, können das eine oder mehr Stunden sein. Wichtig ist dabei nur, dass du etwas machst, was dir Freude macht und du den Kopf frei kriegst. Körperliche Aktivitäten eignen sich dabei mindestens genau so gut wie entspannende Momente. Gönn‘ dir einfach was!

Tipp Nr. 4: Du darfst gerne etwas übertreiben

Wir hatten vorher angesprochen, dass es am Anfang unangenehm sein kann, sich vor den Spiegel zu stellen und sich seine Liebe zu gestehen. Es gibt aber tatsächlich noch unangenehmere Dinge, die du machen kannst. Zum Beispiel kannst du einen an dich selbst adressierten Liebesbrief verfassen, in dem du festhältst, was du an dir selber schätzt und liebst. Das ist etwas wo wir, wenn es uns jemand auftragen würde, demjenigen den Vogel zeigen würden. Nach dem Motto: „So etwas gehört sich nicht!". Wo wir wieder bei der Tabuisierung wären. Doch du brauchst dir darüber keinen Kopf machen, denn solange es dir hilft, ist in diesem Fall alles andere egal.

Der Trick beim Übertreiben ist vor allem, dass du, wenn du etwas machst wie dir einen Liebesbrief zu schreiben, weniger Probleme mit weniger „radikalen" Handlungen haben wirst. Nach einem Liebesbrief wird es dir beispielsweise weniger schlimm vorkommen, dir selbst einfach nur zu sagen, dass du dich liebst. Ist das nachvollziehbar? Ich denke schon.

Kommen wir nun zum schon so häufig angekündigten Kapitel Sieben.

KAPITEL SIEBEN: SO LERNST DU DICH SELBST LIEBEN IN 21 TAGEN

Zu guter Letzt werde ich dir noch, wie zu Beginn versprochen, einen wirkungsvollen und äußert hilfreichen Drei-Schritte-Plan an die Hand geben. Mit diesem Plan beziehungsweise der darin beschriebenen Vorgehensweise wird es dir möglich sein, dein Gehirn regelrecht auf Selbstliebe zu „programmieren".

Du wirst dich jetzt vielleicht fragen, warum ich diese Zeitspanne von 21 Tagen genannt habe. Vielleicht ist dir auch schon aufgefallen, dass dieser Zeitraum und der von 30 Tagen sehr häufig verwendet, wenn es ums Lernen und vor allem um größere Veränderungen geht. Das kommt von der einfachen Tatsache, dass der Mensch ein Gewohnheitstier ist. Wahrscheinlich klingelt es da schon bei dir, weil ich das in Kapitel Fünf etwas ausführlicher erläutert habe. Alle Gewohnheiten, die du hast, hast du dir irgendwann einmal angeeignet. Wie zum Beispiel das Zähneputzen einmal bis zweimal täglich oder auch das Feierabend-Bier. Egal wie freiwillig oder unfreiwillig du diese Angewohnheiten entwickelt hast, sie gehören jetzt zu deinem Alltag und deiner Persönlichkeit dazu. Um wieder zum Thema zurückzukehren. Um dir eine Gewohnheit an- oder abzugewöhnen, benötigst du 21 bis 30 Tage, weil das einfach so ist. Das ist wissenschaftlich erwiesen! Und da ich finde, dass sich 21 Tage motivierender und machbarer anhört, hab ich das ausgewählt.

Okay, genug ausgeholt. Fangen wir an mit dem Selbstliebe-Plan!

Schritt Eins: negative Glaubenssätze festhalten

Als allererstes zückst du Stift und Papier und schreibst auf, was dir an negativen Gedanken über dich in den Sinn kommt. Sei dabei so ehrlich und „gnadenlos“ wie möglich. Das sage ich dir jetzt nicht, um dich zu ärgern, sondern um dir zu helfen. Je ehrlicher du mit dir selber bist, desto eher wirst du in der Lage sein, dich selbst angemessen wertzuschätzen. Außerdem ist niemandem geholfen, wenn du aus Scham oder Rücksicht vor dir selbst etwas nicht auf diese Liste setzt. Trau dich ruhig.

Mögliche Glaubenssätze könnten zum Beispiel sein: „Ich bin nichts besonderes.“ oder „Ich kann das nicht!“.

Wenn dir auf Anhieb nichts einfällt, ist das kein Problem. Denke einfach mal an Momente, in denen du dich stark verurteilt hast, weil mal etwas schiefgelaufen ist. Zum Beispiel Momente in denen du so etwas gedacht hast wie „War doch klar das ich wieder zu spät komme und die anderen enttäusche.“ oder „Ich bin so ein

Feigling! Hätte ich mich doch nur getraut *das und das* zu tun." oder auch „Ich habe heute schon wieder nichts zu Stande gebracht. Ich bin so ein Nichtsnutz!"

Oder stell dir vor, Freunde machen dir Komplimente. Welchen davon würdest du zustimmen und welche würdest du abwehren bzw. ihnen nicht abkaufen. Also wenn dir dein bester Freund oder deine beste Freundin sagen würde: „Du bist wirklich ein begabter Koch/eine begabte Köchin!" würdest du dem zustimmen oder würdest du entgegnen, dass

er/sie das nur aus Höflichkeit gesagt hat? Ich hoffe du verstehst, worauf ich hinaus will.

Nimm dir für das Suchen und Aufschreiben etwas Zeit. Nicht zu viel, nicht zu wenig. Nach spätestens 15 Minuten wirst du schon etwas zusammen haben und kannst mit dem nächsten Schritt weitermachen.

Schritt Zwei: Negative Glaubenssätze invertieren

Als nächstes nimmst du dir ein zweites Blatt und legst es daneben. Jetzt formulierst du jeden Glaubenssatz auf dem ersten Blatt um und schreibst dir positive Version auf dem zweiten Blatt nieder.

Die Glaubenssätze könnten jetzt so aussehen: „Ich bin etwas besonderes!“, „Ich kann das!“ oder auch „Ich bin ein guter Koch!“. Selbst ein „Ich kann das NOCH nicht.“ kann positiv sein.

Hierbei geht es nicht darum, dich selbst zu überschätzen oder dich selbst in den Himmel zu loben, wie es sich jetzt vielleicht anhört. Da die meisten negativen Glaubenssätze eher irrationaler Natur sind und unsere Selbstwahrnehmung trüben, ist es erst mal wichtig, sie loszuwerden und durch ihre positiven Versionen zu ersetzen. Wenn du das nämlich erst einmal geschafft hast, wir deine Grundstimmung eine völlig andere sein und du wirst dir und deinen Mitmenschen deutlich positiver und optimistischer entgegenstehen können.

Schritt Drei: Das Invertieren anwenden

Jetzt, wo du deine negativen Glaubenssätze und ihre positiven Pendants kennst, ist es an der Zeit, die positiven in deinen Alltag zu integrieren, indem du sie gegen die negativen austauschst. Wie du das machst, erkläre ich dir jetzt.

Es ist ziemlich simpel: Wenn du einen deiner negativen Glaubenssätze denkst, denke das positive Gegenüber. Fertig!

Wieso das funktionieren soll, fragst du? Du konditionierst damit deine Gedankengänge in Richtung Selbstakzeptanz und Selbstliebe. Dadurch, dass du immer aktiv einen positiven nach einem negativen Glaubenssatz denkst, machst du das irgendwann automatisch. Dieser Zeitpunkt tritt bekanntermaßen schon nach 21 – 30 Tagen ein und du kannst deinen negativen und blockierenden Glaubenssätzen Lebewohl sagen.

Bonus Schritt: Zusätzliche Tagesroutine

Es ist möglich, dass es dir am Anfang etwas schwer fällt, dich selbst so positiv zu bewerten. Das ist in Ordnung, du musst dich erst daran gewöhnen. Da du aber immer abhängig von deiner Tagesform unterschiedlich oft bzw. selten dazu kommst, Schritt Drei anzuwenden, habe ich hier noch ein Extra für dich. Du kannst von einer zusätzlichen konstanten Version vom letzten Schritt außerordentlich profitieren.

Wenn du früh aufstehst und in den Spiegel siehst, solltest du in Zukunft deinen positiven Zettel aus Schritt Zwei (am besten in laminierter Form) zur Hand haben. Du liest jeden der Glaubenssätze laut vor. Und wiederholst das abends noch einmal.

Wichtig: Du musst noch nicht zwangsläufig an das glauben, was du da vorliest. Es genügt, dass du die Routine bekommst und es wird den Zeitpunkt geben, wo sich der berüchtigte kleine Schalter in deinem Kopf umlegt und du automatisch jeden Glaubenssatz verinnerlichst. Dafür ist es aber absolut notwendig, dass du mindestens die 21 Tage durchhältst! Wenn du mittendrin den Mut verlierst und aufhörst, wirst du zu nichts kommen. Das sollte dir bewusst sein.

So! Mit diesem System und den vorherigen Kapiteln hast du alle grundlegenden Informationen, die du benötigst. Jetzt kannst du dich zu einem sich selbst (mehr) liebenden und wertschätzenden Menschen entwickeln und dein Leben von Grund auf verändern und verbessern. Ich wünsche dir dabei viel Glück!

KAPITEL ACHT: ENTDECKE DEINE PASSION!

Das ist ein Thema welches mir persönlich stark am Herzen liegt. Und zwar ist es unbestritten die wichtigste Aufgabe, die wir in unserem Leben haben. Die Wichtigkeit der Frage nach unserer persönlichen Passion ist so unschätzbar, dass alle anderen Fragen unserer Alltags irrelevant erscheinen. Ich meine, wenn du die Frage über den Sinn und das Ziel deines Lebens beantworten kannst verändert das wirklich alles. Oder nicht?

Wer würde sich schon Fragen ob er heute gut aussieht, wenn er seine Lösung gefunden hat, zu der Frage die andere noch suchen oder vielleicht nie finden werden?

Wer würde sich selbst fragen ob er etwas wert ist, wenn er genau weiß was er um alles auf der Welt erreichen will und diesem Ziel Tag für Tag ein Stück näher kommt?

Und wer würde Depressiv werden wenn er jeden Tag das macht was er liebt, was ihm Spaß macht und ihn erfüllt?

Ich hoffe du stimmst mir zu wenn ich sage das „Niemand“ die logische Antwort auf diese Fragen ist.

Und genau darauf will ich hinaus! Meiner Meinung nach ist der Sinn des Lebens herauszufinden, was man lieber macht als alles andere in der Welt und davon im besten Falle sogar leben zu können. Schade ist nur, das viele Menschen zur Sicherheit einen anderen Weg gehen, auch wenn sie möglicherweise sogar schon wissen wie ihre Passion aussieht. Dann tritt nämlich auch der berühmte „Es fühlt sich gar nicht wie Arbeit an"-Effekt ein von dem jeder schon so viel gehört hat.

Und ich glaube es ist ein unschätzbarer und erfüllender Wert, seinen Platz in der Welt gefunden zu haben. Deshalb kann ich dir nur ans Herz legen es zu deiner Priorität Nummer Eins zu machen, deinen zu finden, wenn du nach Selbstliebe und einem erfüllten Leben strebst.

Jetzt ist natürlich die Frage: „Wie finde ich meine Passion?" Diese Frage kann leider niemand so pauschal beantworten. Vor allem kann sie jeder nur sich selbst beantworten. Aber du hast selbstverständlich die Entscheidungsmöglichkeit, entweder dich von deiner Passion finden zu lassen oder aktiv nach ihr zu suchen. Da ich davon ausgehe, das du sie lieber aktiv suchst, weil du nicht auch noch dein restliches leben auf dein Glück warten möchtest, habe ich hier einige Tipps für dich zusammengetragen die dir dabei helfen sollen.

Tipp Nr. 1: Halte deine Augen offen

Klingt vielleicht banal, muss aber gesagt sein. Mit Augen offen halten meine ich übrigens auch deine Einstellung. Wenn du an die Sache herangehst mit der Einstellung „Ich bin mir nicht ganz sicher ob ich überhaupt eine Passion haben kann.", dann ist der Erfolg nicht unbedingt vorprogrammiert. Gehe Stattdessen mit einer optimistischen Offenheit an die Dinge heran, hake nach und stelle dir selbst die Frage „Könnte das mein ‚Ding' werden oder sein?"

Geh einfach offen auf neues und altbekanntes zu und du wirst möglicherweise mehr darin sehen als wenn du dich von deiner Passion finden lassen willst.

Tipp Nr. 2: Umgib dich mit Löwen

Die Löwen sind hierbei eine Metapher für Leute, die ihr ‚Ding' schon gefunden haben. Sie wird im Motivations- und Erfolgscoachingbereich häufig verwendet. Die Kernaussage ist quasi „Wenn du etwas erreichen willst, umgib dich mit Leuten die es schon geschafft haben." Und genau so solltest du vorgehen. Irgendjemanden in deinem Freundes- und Bekanntenkreis oder deiner Familie wird es immer geben an den du dich wenden kannst. Du kannst entweder mehr Zeit mit der Person verbringen und sein „Geheimnis" im geheimen entschlüsseln oder du gehst offen auf ihn zu und erklärst ihm dein Anliegen, vielleicht hilft er dir sogar.

Wenn du überhaupt gar niemanden kennst dann scheue dich nicht, dich dich Gruppen anzuschließen die zwar auf dem gleichen Stand sind wie du, aber nach dem selben Streben. Es gibt genügend Blogs, Internetforen und vieles mehr wo du mitmachen kannst.

Tipp Nr. 3: Nimm es nicht zu ernst

Ich hatte das Gefühl das nochmal erwähnen zu müssen. Auch wenn es, wie schon gesagt, meiner Meinung nach die wichtigste Herausforderung jedes Menschen ist, ist es nicht alles. Ich möchte dir also davon abraten sofort alles hinter dir zu lassen, was dir keinen Spaß macht und nur noch deine Passion zu suchen. Du darfst dein aktuelles Leben genießen und nebenbei nach deinem Platz in der Welt suchen indem du das machst was du in diesem Kapitel und dem restlichen Buch gelernt hast. Es ist unwahrscheinlich, dass du schon morgen weißt was deine Passion ist. Es ist viel wahrscheinlicher, dass du sie findest, wenn du lernst dich selbst etwas mehr zu lieben, das beste aus deinem aktuellen Leben zu machen und wie gesagt dich nebenbei danach umsiehst.

SCHLUSS

Glückwunsch! Wenn du bis hierher alles aufmerksam gelesen und vielleicht sogar schon angewendet hast, weißt du alles, was du brauchst um dich selber mehr zu lieben. Wenn das lesen dieses Buches nicht deine erste Begegnung mit dem Thema Selbstliebe und Selbstakzeptanz war, hoffe ich, dass ich dir noch etwas beibringen konnte. Dafür das du dieses Buch gekauft und bis hierher gelesen hast möchte ich mich bei dir noch einmal bedanken. Das freut mich sehr! Wenn ich dir damit einen Mehrwert bieten konnte oder es dir das Lesen einfach Spaß gemacht hat, bitte ich dich dich , mir doch eine Rezension bei Amazon zu hinterlassen. Damit hilfst du nicht nur mir sehr weiter, sondern gibst auch anderen Lesern einen persönlichen Einblick in deine Erfahrung mit diesem Buch.

Bevor jetzt aber wirklich Schluss ist und ich dich in dein neues, selbstliebendes Leben entlasse, will ich dir noch ein Kapitel aus meinem anderen Buch „*Achtsamkeit: Lernen Sie im Moment zu leben und erfahren Sie seelische Entspannung und ungeahnte Gelassenheit*" als Bonus zu lesen geben. Blättere einfach weiter und du kannst es dir ansehen.

BONUSKAPITEL

–

KAPITEL SIEBEN: 8 ÜBUNGEN FÜR DAS RICHTIGE ACHTSAMKEITSTRAINING

Dieser Ausschnitt ist aus meinem anderen Buch:
Achtsamkeit: Lernen Sie im Moment zu leben und erfahren Sie seelische Entspannung und ungeahnte Gelassenheit

In diesem Kapitel wirst du von mir 8 Übungen lernen, die du ausprobieren kannst, wenn du mal etwas mehr Zeit für dich (genommen) hast. Von der grundlegenden Atemmeditation bis zur Yoga-ähnlichen Stellung ist alles dabei, also pass gut auf. Es gibt im Internet und anderen Büchern auch noch weitere unzählige Übungen, aber ich wollte dich nicht so überrumpeln. Außerdem ist es bei einer überschaubaren Anzahl viel leichter, sich etwas herauszusuchen, was gerade passt. Du wirst mit der Zeit deinen eigenen Stil entwickeln und dir eigene Übungen suchen und zusammenstellen. Ich will dir hiermit nur eine Grundlage schaffen, auf die du aufbauen kannst. Hier sind jedenfalls die Acht Übungen, die mir persönlich sehr gefallen und die für Einsteiger am besten geeignet sind.

Übung Nr. 1: Atem-Meditation

Diese Art der Meditation wird auch Achtsamkeitmeditation genannt und ist deshalb der perfekte Einstieg in dieses Kapitel. Falls du noch nie meditiert hast, ist das kein Problem, ich werde dir von Anfang bis Ende einen kleinen Leitfaden geben. Du kannst dir selber aussuchen, wie lange du diese Übung machen willst. Mit acht bis zehn Minuten zu beginnen, ist sehr empfehlenswert. Du kannst dich mit der Zeit auch steigern.

Zu allererst suchst du dir einen Ort, an dem du dich wohlfühlst und wo du ungestört bleibst. Dann suchst du dir eine Sitzmöglichkeit (einen Stuhl, Hocker, Sitzkissen, etc.) und lässt dich so nieder, wie es für dich angenehm ist. Richte deine Wirbelsäule auf und sitze gerade. Du darfst deine Augen sanft schließen. Es ist aber wichtig, dass du wach bleibst. Nimm eine dir gegenüber wohlwollende und positive Haltung ein und entspanne dich. Je weniger du dich dabei „anstrengst", desto besser. Es gibt keine falschen Gedanken oder Gefühle. Alles ist erlaubt. Richte deine volle Aufmerksamkeit auf deinen Körper. Erkenne Gedanken und Gefühle und akzeptiere sie so wie sie sind. Nimm einfach wahr, was dir dein Körper mitteilen möchte und lebe damit im Hier und Jetzt. Beobachte nur und nimm die Signale deines Körpers wahr. Fokussiere deine Aufmerksamkeit jetzt auf deinen Atem. Beobachte ihn einfach, ohne ihn kontrollieren zu wollen. Spüre, wie er erst durch die Nase einströmt, deine Lunge füllt und dann wieder ausströmt, während sich deine Lunge leert. Werde dir des Flusses deiner Atmung bewusst und beobachte deine Empfindungen und deinen Körper beim Ein- und Ausatmen. Dein Atem ist während der gesamten Meditation ein sicherer Ort, zu dem du bei jedem Gefühl der Anspannung oder des Unwohlseins zurückkehren kannst. Erkunde in Gedanken deinen Körper angefangen von den Füßen über die Beine, den Po, spüre den Untergrund, auf dem du sitzt und verbinde dich mit der Erde, gehe weiter zur Wirbelsäule, den Armen, den Kopf und hier wieder zum Atem. Beobachte dabei auch deine Gefühle, die dabei eintstehen. Gegen Ende deiner Meditation kannst du deine Augen langsam öffnen und deine Umgebung wahrnehmen. Verweile noch ein wenig in deiner Haltung, bis du dich wieder sanft bewegst. Stehe dann behutsam auf und genieße deine innere Ruhe noch für einen Moment, bevor du dich anderen Aktivitäten widmest.

Übung Nr. 2: Der Weg ist das Ziel

Achtsamkeitsübungen haben, wie ich es bereits erwähnt hatte, keinen direktes oder unmittelbares Ziel. Das lässt sich auch auf zielloses Wandern übertragen.

Suche dir eine dir bislang unbekannte Gegend, die du gerne besuchen würdest. Begib dich dort hin und wandere einfach drauf los. Du weißt nicht, was dich erwarten wird, also halte Augen und

Ohren geöffnet. Achte auf besondere Orte, ungewöhnliche Bäume oder Bauwerke und Orientierungspunkte, die dir helfen zurückkehren. Verlasse dich ganz auf deine Sinne und nicht auf technische Hilfsmittel!

Übung Nr. 3: Die aktuelle Tätigkeit erläutern

Die meiste Zeit des Tages verbringen wir mit Routine. Handlungsabläufe, die wir mittlerweile so oft gemacht haben, dass wir sie nur noch nebenbei durchführen. Obwohl es durchaus äußerst erstaunlich ist, wie leicht sogar die schwierigsten Aufgaben erscheinen, wenn man sie routiniert macht, tut es auch mal gut, aus diesen Automatismen auszubrechen.

Suche dir eine Tätigkeit deines Tagesablaufes aus, die zu deiner Routine gehört. Wenn du dabei bist diese durchzuführen, beschreibe gleichzeitig in Gedanken, was du machst. Sei es Wäsche bügeln, Rasieren, Haare machen, Zähne putzen oder was auch immer in deiner Routine enthalten ist. Tue so, als würde jemand neben dir stehen und dir jede einzelne Handbewegung vorsagen und erklären. Das hilft dir, deine sonst so automatisierten Handlungsabläufe mal aus einer anderen Perspektive wahrzunehmen.

Übung Nr. 4: Das Hier und Jetzt zu Papier bringen

Um etwas Ordnung in deine Gedanken zu bringen, wenn du mal am Grübeln bist, kannst du aufschreiben, was in dir vorgeht. Das ist vielleicht etwas schwierig, wenn du deine Probleme lieber wegschieben würdest, hilft dir aber ungemein. Du kannst dadurch Klarheit gewinnen und dich selbst besser kennenlernen. Nimm dir dazu einfach Zettel und Stift, begib dich an einen Ort, an dem du dich wohlfühlst, mach es dir bequem und schreibe auf, was dir in den Sinn kommt. Einfach alles kannst du festhalten, wenn du möchtest. Alle Gedanken, Gefühle und Sinneswahrnehmungen. Dabei reicht es vollkommen aus, wenn du Stichwörter notierst. Mit diesem Prozess kannst du dir deine aktuelle Situation besser ins Bewusstsein rufen. So kannst du sie besser verstehen und wenn nötig entsprechend handeln.

Übung Nr. 5: „Farben fangen“

Das ist eine sehr spannende Übung, wie ich finde: anstatt alles achtsam wahrzunehmen, einfach mal die Wahrnehmung auf eine spezielle Art und weise zu filtern.

Es geht hierbei darum, eben zum Beispiel nur nach einem Farbton zu suchen. Bestimme einen festen Zeitraum, also z.B. 10, 15, 20

Minuten, und eine Farbe, beispielsweise Grün. Die Farbe kannst du dir auch nach der Wirkung auf die menschliche Psyche aussuchen. Eine Erläuterung dessen kannst du ganz einfach im Internet unter „Farben und ihre Wirkung“ finden. Und jetzt richte einfach deine Aufmerksamkeit auf alle Grüntöne in deiner Umgebung. Du wirst überrascht sein, was du dadurch alles entdeckst.

HAFTUNGSAUSSCHLUSS

Die Benutzung dieses Buches und die Umsetzung der darin enthaltenen Informationen erfolgt ausdrücklich auf eigenes Risiko. Der Verlag und auch der Autor können für etwaige und Schäden jeder Art, die sich beim Besuch der in diesem Buch aufgeführten Orten ergeben (z.B. aufgrund fehlender Sicherheitshinweise), aus keinem Rechtsgrund eine Haftung übernehmen. Haftungsansprüche gegen den Verlag und den Autor für Schäden materieller oder ideeller Art, die durch die Nutzung fehlerhafter und/oder unvollständiger Informationen verursacht wurden, sind grundsätzlich ausgeschlossen. Das Werk inklusive aller Inhalte wurde unter größter Sorgfalt erarbeitet. Der Verlag und der Autor übernimmt jedoch keine Gewähr für die Aktualität, Korrektheit, Vollständigkeit und Qualität der bereitgestellten Informationen. Druckfehler und Falschinformationen können nicht vollständig ausgeschlossen werden. Der Verlag und auch der Autor übernehmen keine Haftung für die Aktualität, Richtigkeit und Vollständigkeit der Inhalte des Buches, ebenso nicht für Druckfehler. Es kann keine juristische Verantwortung sowie Haftung in irgendeiner Form für fehlerhafte Angaben und daraus entstandenen Folgen vom Verlag bzw. Autor übernommen werden. Für die Inhalte von den in diesem Buch abgedruckten Internetseiten sind ausschließlich die Betreiber der jeweiligen Internetseiten verantwortlich. Der Verlag und Autor distanzieren sich daher von allen fremden Inhalten. Zum Zeitpunkt der Verwendung waren keinerlei illegalen Inhalte auf den Webseiten vorhanden.

25467073R00029

Printed in Poland
by Amazon Fulfillment
Poland Sp. z o.o., Wrocław